中国儿童核心素养培养计划

课后半小时 小学生阶段阅读

文化基础 自主发展 社会参与

世纪能源

课后半小时编辑组■编著

世界运转的能量

028

北京理工大学出版社
BEIJING INSTITUTE OF TECHNOLOGY PRESS

核心素养之旅

Journey of Core Literacy

中国学生发展核心素养，指的是学生应具备的、能够适应终身发展和社会发展的必备品格和关键能力。简单来说，它是可以武装你的铠甲、是可以助力你成长的利器。有了它，再多的坎坷你都可以跨过，然后一路登上最高的山巅。怎么样，你准备好开启你的核心素养之旅了吗？

文化基础

科学基础

- 第 1 天 万能数学 〈数学思维
- 第 2 天 地理世界 〈观察能力 地理基础
- 第 3 天 物理现象 〈观察能力 物理基础
- 第 4 天 神奇生物 〈观察能力 生物基础
- 第 5 天 奇妙化学 〈理解能力 想象能力 化学基础

科学精神

- 第 6 天 寻找科学 〈观察能力 探究能力
- 第 7 天 科学思维 〈逻辑推理
- 第 8 天 科学实践 〈探究能力 逻辑推理
- 第 9 天 科学成果 〈探究能力 批判思维
- 第 10 天 科学态度 〈批判思维

人文底蕴

- 第 11 天 美丽中国 〈传承能力
- 第 12 天 中国历史 〈人文情怀 传承能力
- 第 13 天 中国文化 〈传承能力
- 第 14 天 连接世界 〈人文情怀 国际视野
- 第 15 天 多彩世界 〈国际视野

自主发展

学会学习

- 第 16 天 探秘大脑 〈反思能力
- 第 17 天 高效学习 〈自主能力 规划能力
- 第 18 天 学会观察 〈观察能力 反思能力
- 第 19 天 学会应用 〈自主能力
- 第 20 天 机器学习 〈信息意识

健康生活

- 第 21 天 认识自己 〈抗挫折能力 自信感
- 第 22 天 社会交往 〈社交能力 情商力

社会参与

责任担当

- 第 23 天 国防科技 〈民族自信
- 第 24 天 中国力量 〈民族自信
- 第 25 天 保护地球 〈责任感 反思能力 国际视野

实践创新

- 第 26 天 生命密码 〈创新实践
- 第 27 天 生物技术 〈创新实践
- **第 28 天 世纪能源 • 创新实践**
- 第 29 天 空天梦想 〈创新实践
- 第 30 天 工程思维 〈创新实践

总结复习

- 第 31 天 概念之书

中国儿童核心素养培养计划

课后半小时 小学生阶段阅读

文化基础 ✖ 自主发展 ✖ 社会参与

028

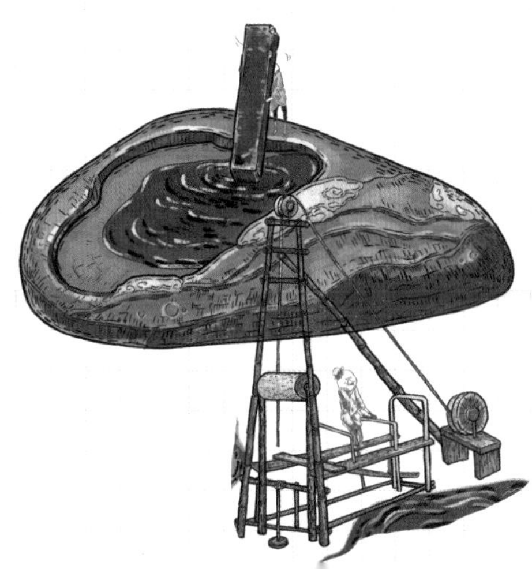

卷首

能源与文明

数十万年前，人类钻动木头，第一次使用跃动的火苗驱散了黑暗，这是人类利用能源的开端，也是文明的开端。从此，人类的文明演进与能源革命紧密地联系在了一起。

能源的开发和利用是人类社会发展的物质根基，纵观历史，人类已经历了三次能源革命——人类掌握取火技术后，摆脱了完全依附自然生存的状态，从原始文明迈向农业文明；18 世纪，人类以煤炭为燃料，用蒸汽驱动机器运转，工业革命的序幕徐徐揭开；19 世纪，石油、天然气的大规模开采、加工驱动内燃机成为更强劲的动力来源。与此同时，电的发现与使用让人类解决了能源长距离传输问题，一大批使用电力的设备随之产生，大幅提高了生产力，使人类文明的进程不断提速，加快了全球的工业化进程，让以工业化为标志、以机器大生产为主要生产方式的工业文明发展到了前所未有的高度。

然而，化石能源在被持续数个世纪的开采后，不仅日益枯竭，而且给地球的生态环境造成极大的破坏。化石能源在被当作燃料的过程中释放出大量二氧化碳和其他有害物质，使人类的生存环境面临威胁。

今天，面对迫在眉睫的能源危机，人类迫切需要进行一次新的能源革命——开发新能源，包括太阳能、风能、地热能、潮汐能、核能和氢能等。这次新的能源革命将以能源生产和消费的清洁化、低碳化为方向，开启人类文明进程的新阶段——生态文明。从世界范围来看，能源转型已是大势所趋，而中国秉承人类命运共同体理念，促进经济社会发展绿色转型，推动能源清洁、低碳发展，成为探索建设生态文明的先行者。

能源的利用方式也决定了文明的高度，若要走向生态文明，我们必须以更环保、更可持续的方式利用能源。在本册里，我们将带领大家一起了解世界能源格局，一起探索能源与文明的未来。

尹传红
中国科普作家协会副理事长，科普时报社社长

平常一天的背后

撰文：硫克

开始工作啦，打开计算机，让各种工作软件运行起来，光标在屏幕上闪烁，就连主机风扇也像勤劳的蜜蜂一样发出“嗡嗡”的声音；到了午饭时间，张罗了一桌子好吃的，汤锅里冒着“嘟嘟”的沸腾声，电饭煲里飘出的米饭香味让人胃口大开；晚上洗澡时，打开热水器，浴室里便升腾起袅袅的热雾，惬意地举起花洒，洗去一天的疲惫……

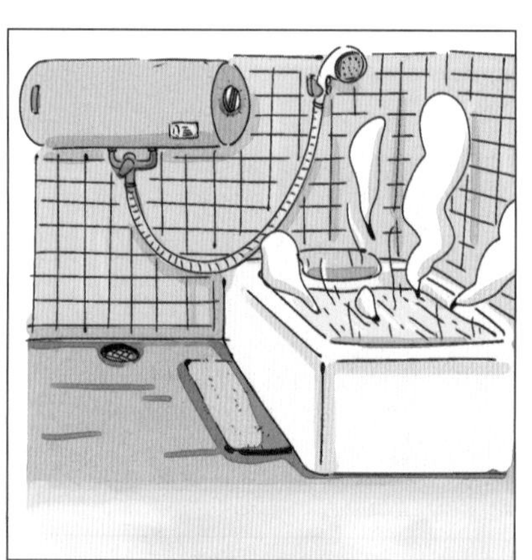

这就是现代人的日常生活，看起来平常得几乎没有什么值得一提的地方。不过，这样的一天真的“平常”吗？

能源是现代社会的基石

热电厂通过烧煤给水加热，使其产生蒸汽，通过蒸汽使发电机持续转动，从而产生足够的电力。

作为习惯了各种现代化产品和服务的现代人，你可能会觉得这样的一天真是再平常不过了。但你可曾深入想过：是什么力量在维持这些产品和服务的持续运转呢？

我们借助计算机等电子设备高效工作，离不开电；我们得以享用一顿丰盛的大餐，离不开天然气；我们在偌大的城市里通勤，离不开汽油……电、天然气、汽油，还有更多奉献出自身能量为我们服务的物质，在这里有一个共同的名字——能源。

电力会被传输到高压线塔，然后分配到每家每户。

热电厂一刻也离不开煤炭，社会也一刻离不开能源。

可以说，能源是维系现代社会正常运转的最重要的物质基础之一，能源供应关系到国民经济的各个部门和每个社会成员的具体生活。

现代社会的基石——能源

撰文：豆豆菲
美术：Yufo

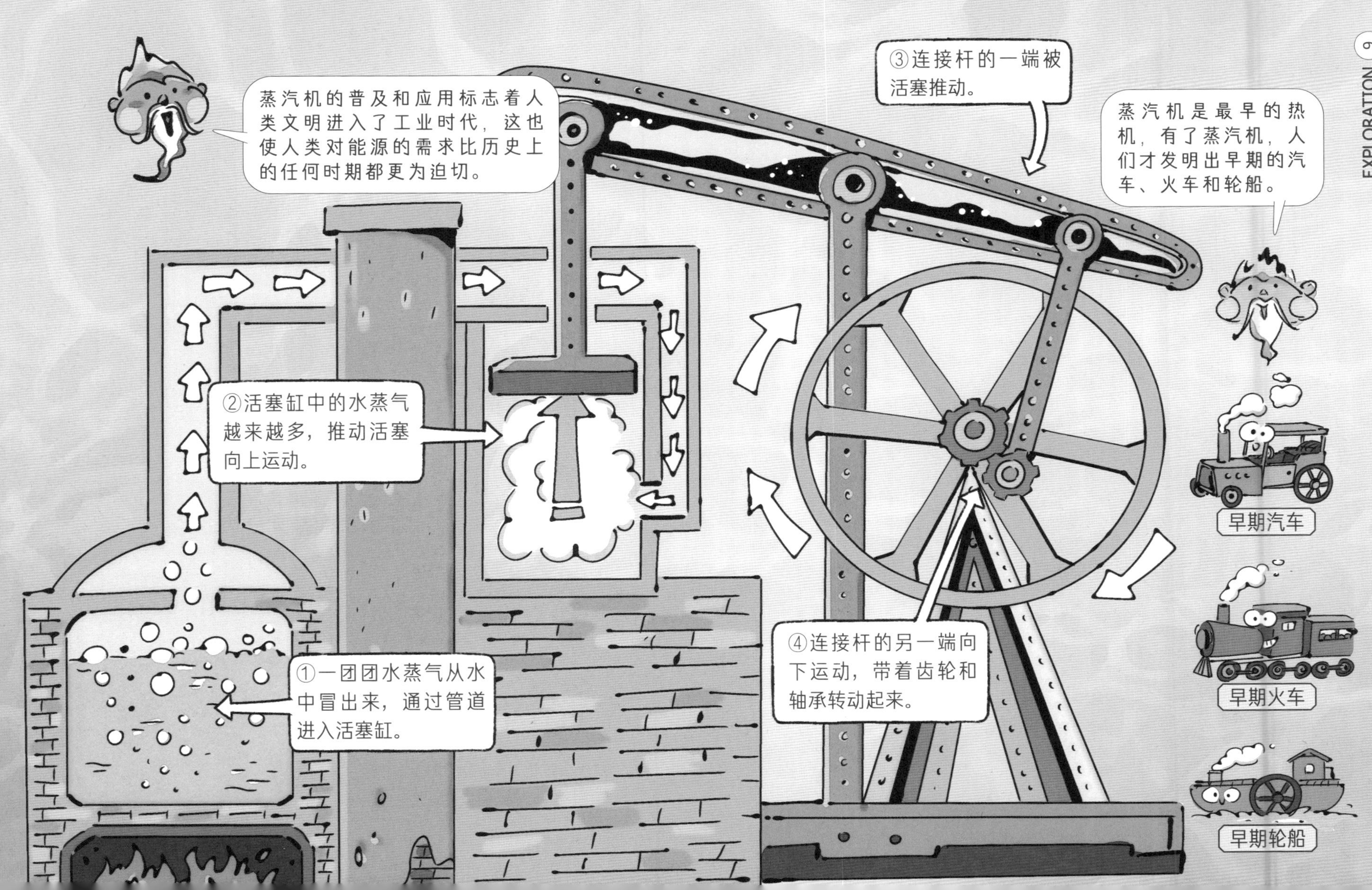
蒸汽机的普及和应用标志着人类文明进入了工业时代，这也使人类对能源的需求比历史上的任何时期都更为迫切。
①一团团水蒸气从水中冒出来，通过管道进入活塞缸。
②活塞缸中的水蒸气越来越多，推动活塞向上运动。
③连接杆的一端被活塞推动。
④连接杆的另一端向下运动，带着齿轮和轴承转动起来。
蒸汽机是最早的热机，有了蒸汽机，人们才发明出早期的汽车、火车和轮船。
早期汽车
早期火车
早期轮船

餐桌上的食物、饮料、快餐盒，厨房里的液化石油气（简称“液化气”），它们的生产过程都离不开石油。

衣橱里的衣服，房间里的窗帘、地毯大多由合成纤维制成，也属于石油产品。

居家生活中，电视、冰箱、洗衣机等电器的外壳大多是由石油生产出的材料制造的。

如果要问今天世界的能源格局中，哪种能源至关重要，毫无疑问，一定是石油。

在全球能源消费中，石油占比 $\frac{1}{3}$ 以上，是占比最高的能源，如今全世界平均每天要消耗大约 1 亿桶石油。从石油中提炼的汽油、柴油等燃料是工业社会重要的动力燃料，拥有其他燃料无法比拟的优点，驱动着汽车、轮船、飞机上的内燃机，维系着川流不息的全球交通网。

汽油、柴油为交通工具提供动力燃料；人们用合成橡胶制造出汽车轮胎；用沥青铺路，可以让道路更加平整、结实。汽油、柴油、合成橡胶和沥青都是石油产品。

▶延伸知识

石油的价值远远不局限于作为燃料使用，它还是现代化学工业的关键原料，塑料、合成纤维、合成橡胶、炸药和化肥等的生产都离不开石油。石油及石油化工产品不仅是民生必需品，更是现代工业、农业、国防的重要基础。现代工业离不开石油，就像人体离不开血液一样，因此石油被誉为“工业的血液”。

▶延伸知识

石油供应量、价格的剧烈变化会导致严重的经济危机，人们也称之为石油危机，1973年、1979年、1990年爆发的石油危机重创了多国经济。石油早已不再是一种普通的能源或商品，而越来越成为国际博弈和斗争的武器。由主要产油国建立的石油输出国组织是世界上控制石油价格的关键组织。

由于现代社会如此需要能源，能源早已与世界格局紧紧地联系在一起，尤其是重中之重的石油。

石油是地球的馈赠，但这一“馈赠”的供求分布表现出高度的不平衡，全球的大油田主要分布在欧亚板块，石油储量最丰富的地区是波斯湾海域，该地区石油储量约占全球石油总储量的50%。这种不平衡导致国际上出现了因石油问题而产生的各种纠纷、危机甚至是战争。石油深刻地影响着世界局势的走向。

大自然的秘藏——能源的勘探

石油存在于地下有机物聚集的地方，这些地方被称为沉积盆地。要寻找石油，就应当从这些地方开始，这个寻找过程就是勘探。

石油的勘探分为陆上勘探和海上勘探，这两种勘探方式都需要石油地质学家、地球物理学家们辛勤工作。

第 1 步

野外地质调查

勘探人员是一群掌握了丰富地质学知识的“狠角色”。他们携带地质锤、罗盘、放大镜等工具，在野外观察露出地表的地层和岩石。因为当石油渗出地面时，会引起岩石褪色和植被病变。勘探人员便可以通过观察这些地表现象大致了解地下岩层和石油的分布情况。

撰文：张婉月
美术：文君

石油的形成经历了漫长的过程。人们发现的形成得最早的石油距今已有 13 亿年，形成最晚的也有 5 万年。人类的文明有多久呢？也不过 6 000 年而已。与石油相比，我们人类文明的时间要短暂得多。

石油的形成

远古时代，海洋或湖泊中的生物死亡后，遗骸随着泥沙一起沉到水底。

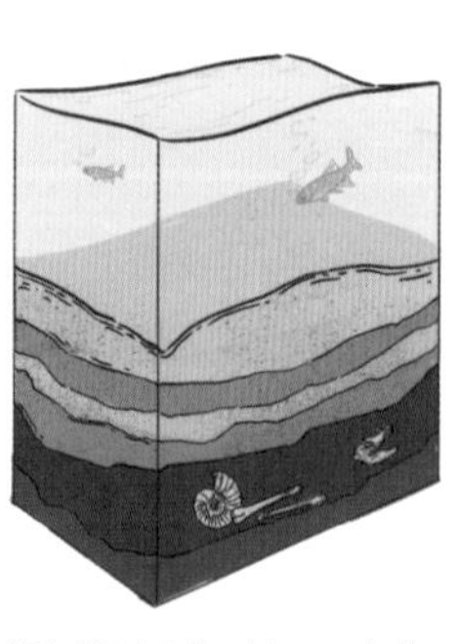

经过漫长的时间，生物遗骸和泥沙一层层堆积起来。

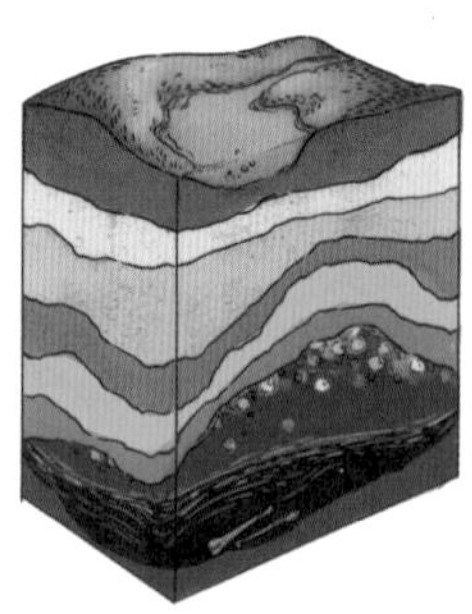

生物遗骸经历高温、高压、缺氧及细菌的分解等复杂作用后，最终形成了石油。

第 2 步

绘制地质图

地质调查结束后，勘探人员汇集整理采集到的信息，绘制出地质图。我们便可以在地质图上看到地下岩层在某个地区的分布范围和分布规律。

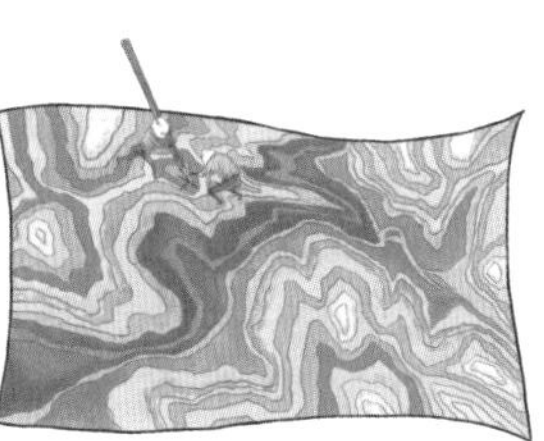

首先，工程师在地面上制造一场轻度“地震”，地震波向地下传播，遇到不同岩石性质的地层时会产生不同的反射。接着，在地面上用精密的仪器把反射回来的地震波信号记录下来，从而分析和推断地下地层的构造特征，寻找可能储存石油的地层。

第 3 步

地震勘探

接下来，需要对石油分布区进行详细勘查，这时需要开展精度更高的勘探工作——地震勘探。地震勘探是最常用的石油勘探方法，在我国，自大庆油田被发现以来，绝大多数新油田都是用地震勘探的方法找到的。另外墨西哥湾油田、中东油田、里海油田等许多大中型油田也是使用这个方法找到的。

第 4 步

编制图件

地质学家与地球物理学家根据地震波反射回来的信息绘制出精度更高的地质图。通过分析地质图可以了解地下地层的构造特征和分布范围，进而推测出石油储藏的位置。

第 5 步

验证目标

钻井是验证地下是否有石油的直接办法。如果钻井后未发现石油，或是下钻处的石油储量不符合预期，就要重新评估这块地区的情况，考虑换别的位置钻井。

点“石”成“金”——能源的加工

撰文：十九郎
美术：文君

看到这里，相信你能感受到能源是多么来之不易。人类文明的发展程度也体现在对能源的开发和加工程度上，人类认识、利用石油的历史鲜明地体现了这一点。受地下压力的影响，石油可以沿缝隙上涌到地表，这就是“油苗”。一些石油埋藏深度较浅地区的古人在上千年前就认识石油了，并在劳动实践中开发出了一系列用途。但此时人们对石油的加工非常简单、粗放，谈不上深度利用。

制墨 北宋的科学家利用石油燃烧产生黑烟这一特点，将石油燃烧后的烟炱制成了墨。

润滑剂 我国古人很早就发现可以把石油涂抹在车轮轴处，起到润滑的作用。

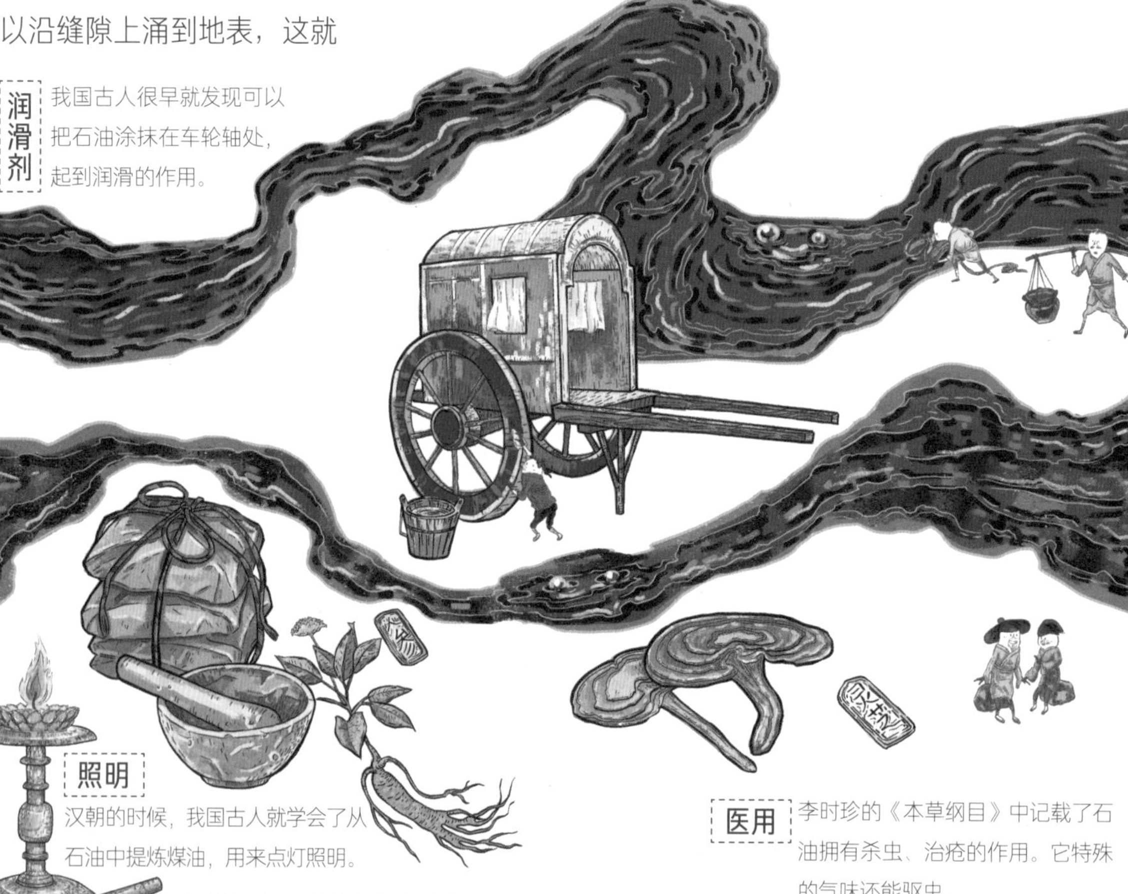

照明 汉朝的时候，我国古人就学会了从石油中提炼煤油，用来点灯照明。

军用 石油在古代战场上被称为“猛火油”，是军队攻城略地的无敌神器。

医用 李时珍的《本草纲目》中记载了石油拥有杀虫、治疮的作用。它特殊的气味还能驱虫。

这是一座钻机，井架高度可达 50 米。工人们在上面接钻杆、起钻、下钻、更换钻头。钻井过程中，发动机带动钻杆，钻杆再带动钻头旋转，在地下钻出圆柱形的孔眼。

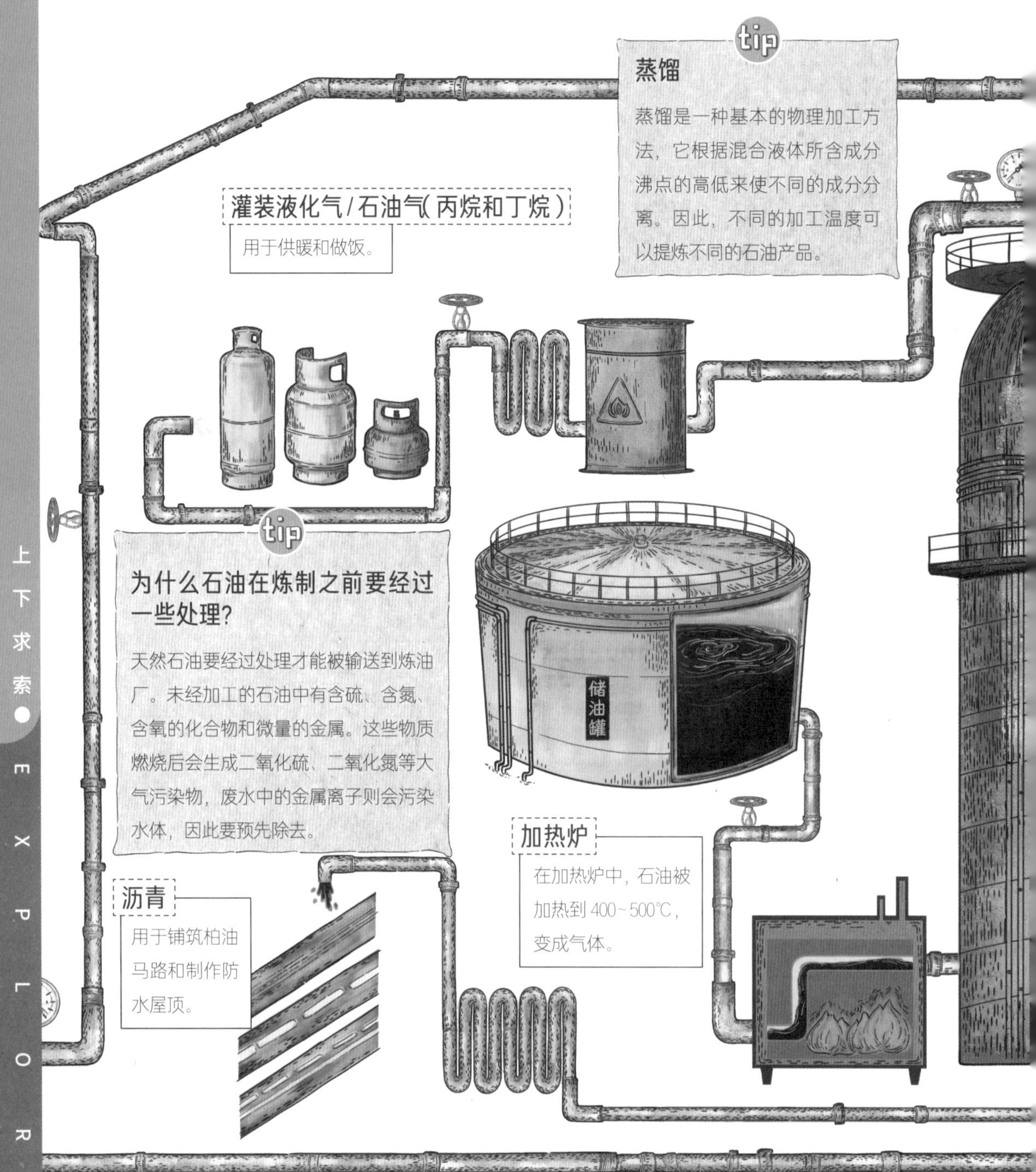

深埋于地下数亿年的石油需要经过炼制才能为人类所用。在炼油厂里，石油炼制工程师和化学工程师们把天然石油进行一系列的加工，生产出品种繁多的燃料和化工原料，这些化工原料再经过石油化工厂的继续加工，就生成了我们经常用到的各类石油产品。

馏塔

接着，气体进入蒸馏塔，其中较轻的气体上升到塔的高处，较重的气体下降到低处。气体一边上升，一边冷却，然后凝结成液体，被收集到不同的管道中，分离成不同的产品。

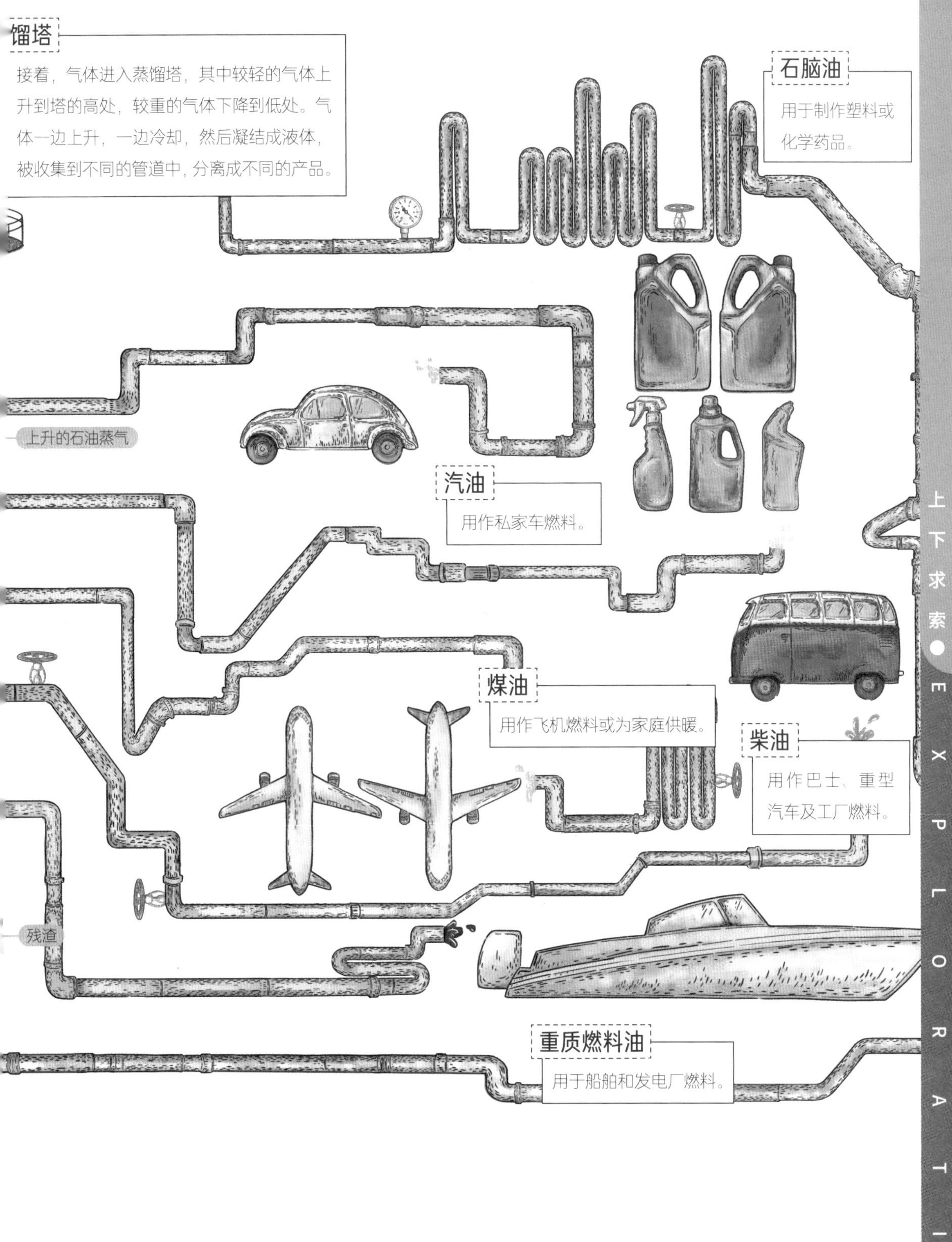

从化石到电流——能源的转化

撰文：陶然

随着化石能源带来的环境问题日益显著，再加上化石能源所固有的不可再生性，人们开始着力发展更清洁、更具有可持续发展潜力的能源——电能。电能不仅成为人们日常生活的一部分，也成为工业生产、交通物流等领域的支柱动力。

但我们现在还无法做到完全使用清洁能源。实际上，我们现在使用的电能中的相当一部分依然是通过燃烧化石能源获得的。

发电站

常见的生产电的地方有水力发电站、风力发电站、太阳能发电站、核电站等。

升压变电所

升高电压，可以减少同一时间内通过输电线的电流，这样能够使电流的损耗减少，从而使一定时间内到达目的地的电流增大。

输电线

运输电流的线路有两种：一种由负责运输电流的金属丝和不导电的外皮构成，这种外皮可以保护人和动植物不触电；另一种只有负责运输电流的金属线。

正如石油需要历经勘探、开采、加工、配送等多个流程才能进入消费市场那样，电也需要历经发电、升压变电、输送、降压配电等环节才能进入千家万户。

终端

电的消费者、使用者。

铁路

工厂

商店

住宅

降压变电所

可以把电压降低，从而把符合使用要求电压的电送入千家万户。

主编有话说

燃烧石油发电，再给电动汽车充上电后让其行驶，也许你会疑惑这是不是多此一举呢，为什么不能直接使用石油燃料呢？实际上，能源的生产地和消费地之间是有一定距离的，要把能源从生产地输送到消费地，这一过程不可避免地会产生损耗，而在各种能源类型中，电能是最便于长距离输送的。因此，使用电能仍然是环保、节能的。

跨越千里的馈赠——能源的输送

撰文：陶然
美术：孟宸

风力发电 用风的力量发电。

水力发电 用水流的高低落差发电。

太阳能发电 用来自太阳的能量发电。

正如上文中提到的：能源的生产地和消费地之间有一定的距离，这一点在我国的能源供求格局中体现得尤为显著。

步入 21 世纪以来，我国大力发展清洁能源，目前能源消费中清洁能源的占比已超过 25%，清洁能源新增发电装机容量占全国新增总装机容量的比例超过 80%，这显示出我国电力能源结构正在持续优化。

就拿最常见的风力、水力和太阳能来说吧。

延伸知识

装机容量是指一座发电厂或一个区域电网的发电机组的额定功率的总和，是衡量发电能力的重要指标。

中国的陆上风电场主要分布在“三北”地区——西北、华北和东北。风从南方或北方吹来，这些地区优先接触到风。

东南沿海也有海上发电场，但陆上风电的发电量约为海上风电的10倍。

中国的水能主要分布在西南地区，其中的四川更是有“水电王国”的称号。

得益于自然地形带来的落差，金沙江、雅砻江、澜沧江、怒江、雅鲁藏布江和大渡河等西南地区的江河具有极大的水电开发潜力。

全中国太阳能资源最充沛的地方是西藏、青海、新疆等西部地区。

青藏高原的太阳能资源最丰富，平均海拔在4000米以上，大气层又很薄，方便阳光照射。

之所以出现这样的能源格局，很大程度上是因为我国地形呈现出三级阶梯式变化。

我国西部海拔高，东部海拔低，地势整体上自西向东呈三级阶梯状逐级下降。阶梯第一级主要分布在青藏高原附近，海拔在 4000 米以上；阶梯第二级主要分布在内蒙古高原、黄土高原、云贵高原，海拔为 1000 ~ 2000 米；阶梯第三级主要由华北平原、东南丘陵等构成，海拔在 500 米以下。阶梯交界处形成了较大的落差，因此水能资源丰富，比如著名的三峡水电站正是位于第一级和第二级阶梯的交界地带。

西部地区是我国能源尤其是清洁能源的主产地，但消费市场主要集中在经济发达的东部沿海地区。以我国发电量最大的省级单位——内蒙古为例，2021 年当地的发电量达 5900 亿千瓦时，其中外送电量 2467 亿千瓦时，如此巨量的电力要长途输送可不是一件易事。

然而，中国 75% 的电力使用都集中在东部和中部，与能源集中的西部和北部完美错过！

从 1996 年起，我国就开始实施西电东送工程，也就是把煤炭、水能资源丰富的西部地区的能源转化成电力资源，输送到电力紧缺的东部沿海地区。这不仅促进了电力结构调整和电力资源的优化配置，也带动了制造业、电力施工业、建材业等一系列产业的发展，有力地推动了东、西部地区的经济建设。

我们电流就像水流，有大有小，大电流就像大河，可以运送大型游轮。

尽管输电可以称得上是长距离输送能源最便捷的方式之一，但输送过程中仍会产生损耗，其中电阻是导致损耗产生的最主要的因素之一。

撰文：张婉月
美术：王婉静

节能与降耗——特高压输电技术

小电流就像小溪，虽然没有巨大的能量，但也可以把一艘小船从上游运送到下游。

决定电流大小的因素主要有两个：电阻和电压。

其中，电阻就是我们的敌人！

电阻

顾名思义，电阻就是导体对电流的阻碍作用的大小。电阻广泛存在，根据事物导电性的强弱，可以大体上把事物分为三类：导电性强、电流能迅速顺利通过的物体，称为导体；导电性不如导体且很容易受温度、光照等因素影响的物体，称为半导体；没有导电能力，不允许电流通过的物体，称为绝缘体。

电阻存在于所有物体中，每个物体的电阻值不同。

金属通常是导体，尤其是银、铜等金属，电阻值很低，导电性优良，但成本很高，不适宜用于跨度达上千公里的长途输电线路。跨越大半个中国的输电线的材质通常是成本低廉但电阻稍大的铝合金。尽管看起来电阻值只是升高了一点，但长途累积下来的损耗也是很可观的数字。

既然电阻难以降低，工程师们找到了另一项解决方案——提高电压。

特高压
800kV
750kV
700kV
600kV
超高压
500kV
400kV
300kV
220kV
200kV
高压
100kV
380V
低压
220V
0

通常来说，电压按照等级可以分为低压、高压、超高压和特高压 4 种。

低压一般是 220V[①]和 380V，家用插板就是这样的电压。

高压的电压在 10~220kV[①]之间，城市高压电缆就在这个等级。为了确保安全，这些电缆在城市中是在地下传输的，在野外多用铁塔传输。

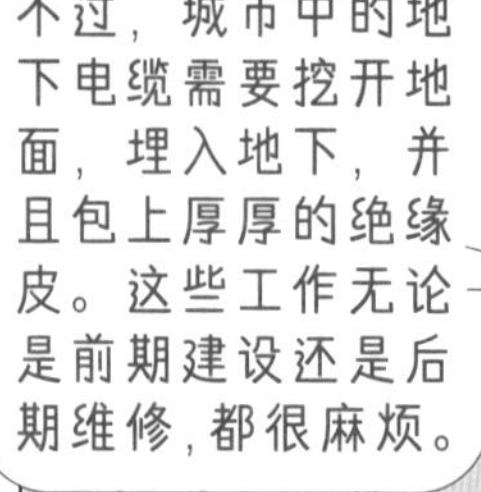

不过，城市中的地下电缆需要挖开地面，埋入地下，并且包上厚厚的绝缘皮。这些工作无论是前期建设还是后期维修，都很麻烦。

而我——特高压，指的是 800kV 以上的直流电和 1000kV 以上的交流电[①]，一般用于超远距离输电。

真的吗？

当然啦！我是有科学依据的！

什么情况？

想象你们正在举办“推人”比赛，身后的人力气越大，被推的人就跑得越远，先到达终点的可能性就越大。

再想象你们正在举办“进门”比赛，若要通过一扇小门，有序通过一定强于争抢着通过，这样不仅通过的人数更多，而且花费的时间更短。

①交流电和直流电是电的两种类型，交流电指的是大小和方向做周期性变化的电流；直流电指的是在一定时间内，大小和方向不变的电流。

截至目前，中国已累计建成 20 多项特高压工程，单次输电能力最高达 1000 万千瓦，输送距离达 2400 千米，刷新了世界电网技术新纪录。

中国成为世界上首个成功掌握并实际应用特高压这项尖端技术的国家，率先建立了完整的技术标准体系，自主研制了全套特高压设备，并积极支持世界各国清洁能源事业的发展。

绿色与和平——能源的未来

撰文：十九郎

和平与发展是人类共同的追求，人类想要实现可持续发展，就必须正视能源价格剧烈波动、能源短缺、依赖化石能源破坏生态等一系列问题，还必须加大力度开发清洁能源、可再生能源。

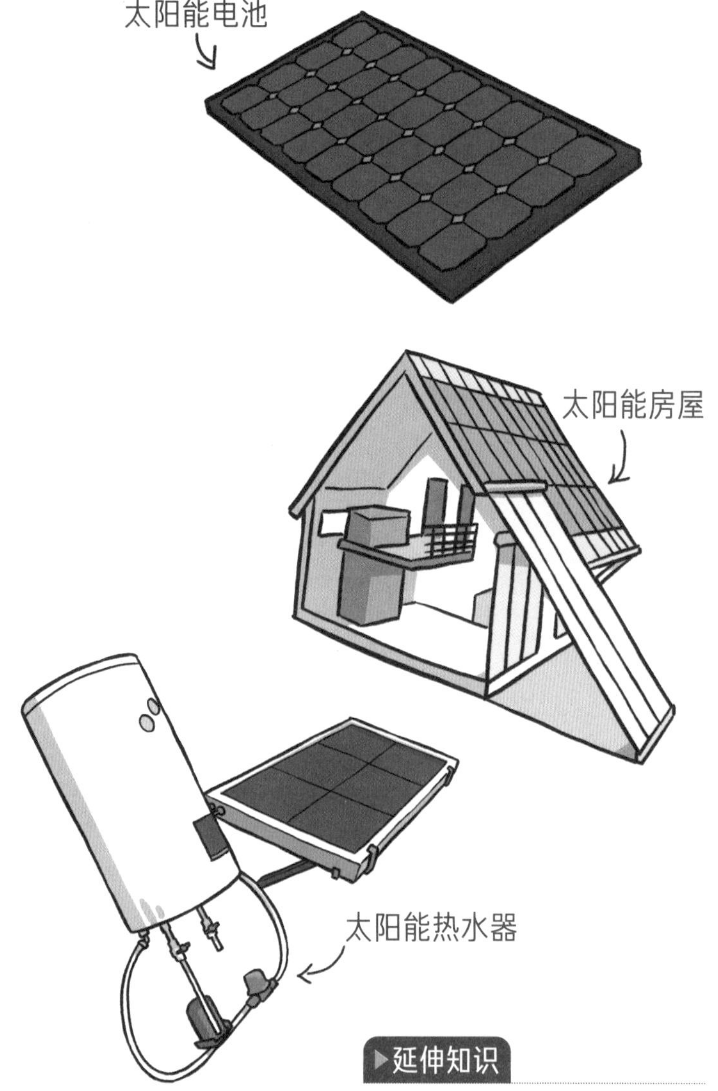

延伸知识

可再生能源是指在自然界可以循环再生的能源，除了前面提到的水能外，还包括太阳能、风能、生物质能、波浪能、潮汐能、海洋温差能、地热能等。

随着科技不断发展，太阳能几乎被应用在各个方面。想想看，你身边都有哪些太阳能产品呢？

潮汐能也是极具开发潜力的新能源。潮汐导致海平面周期性地升降，由海水涨落及潮水流动所产生的能量称为潮汐能，其中水位差表现为势能，潮流的速度表现为动能，这两种能量都可以被人类利用，潮汐能可再生、无污染，而且非常有规律，因此成为人类利用得最为成熟的海洋能。但和水力发电相比，潮汐能的能量密度很低。

▶延伸知识

据海洋学家估算，世界上潮汐能发电的资源量在10亿千瓦以上，这是一个天文数字，但潮汐能的开发目前并不充分。我国最大的潮汐发电站是位于浙江温岭的江厦潮汐试验电站，年发电量600万千瓦时。

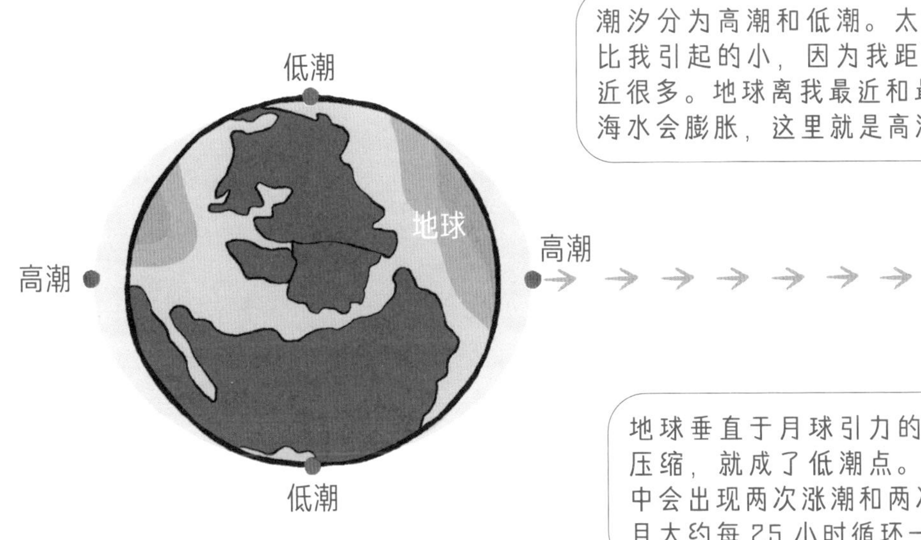

要解决可持续发展进程中的能源问题，一方面要开发新能源，一方面要改变当今世界能源分布不均、供需失衡的格局，一个宏大的计划应运而生。

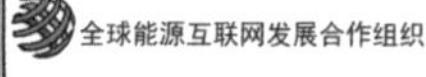

输电技术为全球能源互联网的构想奠定了技术基础，
中国为实现人类命运共同体所做出的积极探索。
在我的畅想中，非洲、南美洲、澳大利亚、亚欧大陆、北美洲北部的太阳能发电基地、风能发电基地，都将提供特高压输电技术向欧洲、亚洲、北美洲等能源需求大的地区供电，并以特高压输电线路连接成全球电力网！
到时候，全球电力的分配会更加合理，价格也会降下来，贫穷地区和偏远地区的小朋友也不用担心用电问题啦！

COLUMN

青出于蓝

能源会有耗尽的那一天吗？

张雪娣

北京赵登禹学校物理教师

答 能源是现代社会存在和发展的基础，但现代文明对能源的消耗程度惊人，因此有人担心能源会耗尽，人类文明也将随之蒙受灭顶之灾，这究竟是未雨绸缪还是杞人忧天呢？

随着时间的推移，石油等化石能源的储量不断临近枯竭线，而且由于过度依赖化石能源导致的环境问题迫在眉睫，寻找新的替换能源已刻不容缓。清洁、可再生的太阳能、风能、地热能、潮汐能等方案已投入实践，不过短时间内还无法替代化石能源。

人类最寄予厚望的未来能源方案当属核能。太阳就是依靠核聚变发光、发热的，如果人类能攻克“可控核聚变”的难点，便可利用储存在海洋中的 45 万亿吨的氘作为核聚变燃料，使人类获得空前富足的能源。

以发展的眼光来看，没有哪一种能源能达到绝对意义上的“取之不尽，用之不竭”，但随着科技的进步，人类不断开发出新的能源形式正在服务社会、延续文明。

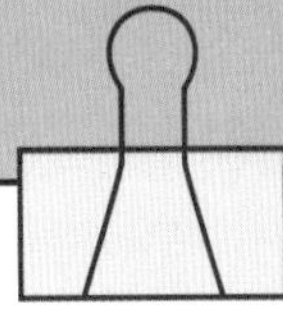

新能源还有哪些不足，可以怎样弥补？

答 开发清洁的、可再生的新能源以逐步摆脱对化石能源的依赖，这已成为全人类的共识，但在短期内，新能源无法全面替代化石能源。新能源存在哪些不足呢，可以怎样弥补？

未来的理想能源应当具备以下条件：储量足够丰富；价格足够低廉，可以惠及大多数人；相关技术成熟，可以保证安全使用；清洁、无污染，不会导致环境问题的出现。从这些标准来看，新能源并不是完美的。

新能源总量丰富，但供应并不十分稳定，比如占我国总发电量约 1/5 的水力发电，就明显受到气候变化影响，2022 年夏天，长江发生了罕见旱灾，使三峡枢纽等水利工程的发电量明显下滑；风能的随机性、间歇性更为突出。

因此，我国正大力推进抽水蓄能电站的建设。抽水蓄能电站是一种利用电力负荷低谷时的电能抽水至上水库，在电力负荷高峰期再放水至下水库发电的水电站。抽水蓄能电站既是电力系统中最可靠、最经济、容量大的储能装置，也是新能源发展的重要组成部分。通过配套建设抽水蓄能电站，可有效减少水电、风电等新能源电力波动对电网运行的影响，从而提升电网运行的安全稳定性。

THINKING 头脑风暴

选一选

01 第二次工业革命后，内燃机问世并普及，（　）成为这一时期最重要的能源。

A. 煤炭

B. 水电

C. 石油及用石油炼制出的各种燃料

02 石油被誉为“工业的血液”，原因不包括（　）。

A. 石油是极为重要的能源

B. 石油是现代化学工业的关键原料

C. 石油可以成为财富的象征

03 石油在全球的分布非常不均衡。石油储量最丰富的地区是（　）。

A. 波斯湾海域

B. 太平洋沿岸

C. 欧亚大陆内陆

04 下列哪种能源不属于化石能源？（　）

A. 石油

B. 煤炭

C. 太阳能

05 下列哪个特点不是新能源的？（　）

A. 对环境友好

B. 供应不稳定

C. 总量较为有限

填一填

06 在各种能源类型中，__________ 是最便于长距离输送的。

07 我国地形呈现出 __________ 式的变化，使得我国的水力发电资源主要集中在西部地区。

08 我国的“__________”工程就是把煤炭、水能资源丰富的西部地区的能源转化成电力资源，输送到电力紧缺的东部沿海地区。

09 为了实现长距离、低损耗地输电，我国研发并应用了 __________ 技术。

10 __________ 是指在自然界可以循环再生的能源，包括水能、太阳能、风能、潮汐能等。

名词索引

头脑风暴答案

1.C　2.C　3.A　4.C　5.C

6. 电能　7. 三级阶梯　8. 西电东送　9. 特高压输电　10. 可再生能源

致谢

《课后半小时 中国儿童核心素养培养计划》是一套由北京理工大学出版社童书中心课后半小时编辑组编著，全面对标中国学生发展核心素养要求的系列科普丛书，这套丛书的出版离不开内容创作者的支持，感谢米莱知识宇宙的授权。

本册《世纪能源 世界运转的能量》内容汇编自以下出版作品：

[1]《复杂世界的简单原理：石油能源》，北京理工大学出版社，2022 年出版。

[2]《物理江湖：热大侠请赐教！》，北京理工大学出版社，2022 年出版。

[3]《超级工程驾到：电流》，北京理工大学出版社，2022 年出版。

[4]《这就是地理：家园》，北京理工大学出版社，2020 年出版。

[5]《这就是地理：太阳、月球》，北京理工大学出版社，2020 年出版。

[6]《图解少年中国史：城市的故事》，电子工业出版社，2021 年出版。

图书在版编目（CIP）数据

课后半小时：中国儿童核心素养培养计划：共31册/课后半小时编辑组编著. -- 北京：北京理工大学出版社, 2023.5

ISBN 978-7-5763-1906-4

Ⅰ. ①课… Ⅱ. ①课… Ⅲ. ①科学知识–儿童读物 Ⅳ. ①Z228.1

中国版本图书馆CIP数据核字(2022)第233813号

出版发行 / 北京理工大学出版社有限责任公司
社　　址 / 北京市海淀区中关村南大街5号
邮　　编 / 100081
电　　话 /（010）82563891（童书出版中心）
网　　址 / http: //www. bitpress. com. cn
经　　销 / 全国各地新华书店
印　　刷 / 雅迪云印（天津）科技有限公司
开　　本 / 787毫米×1092毫米　1 / 16
印　　张 / 83.5
字　　数 / 2480千字
版　　次 / 2023年5月第1版　2023年5月第1次印刷
审 图 号 / GS（2020）4919号
定　　价 / 898.00元（全31册）

责任编辑 / 封　雪
文案编辑 / 封　雪
责任校对 / 刘亚男
责任印制 / 王美丽